W0215419

So bin ich

So bin ich

Die große Selbstbefragung

David Tripolina

riva

Einleitung

Es gibt da einen Menschen, den du unbedingt besser kennenlernen solltest. Er ist sehr wichtig für dein Leben. Ihr verbringt sehr viel Zeit miteinander. Dieser Mensch hat so viele liebenswerte Eigenschaften. Und obwohl du glaubst, ihn bereits gut zu kennen, bist du doch immer wieder über ihn erstaunt.

Du würdest diesen Menschen gern besser verstehen. Warum er sich manchmal so wundersam verhält. Wie er geprägt wurde und warum er manche Entscheidungen trifft.

Diese Person bist du selbst.

Es gibt nichts Spannenderes, als deinen eigenen Charakter zu erforschen. Abgelegene Pfade deiner Persönlichkeit zu betreten. Herauszufinden, was dir wirklich wichtig ist und was dich antreibt. Dieses Buch stellt dir Fragen, die du dir sonst vielleicht nicht stellen würdest. Es ist eine große, umfassende Selbstbefragung, die alle Aspekte deines Lebens betrifft. Dabei kannst du nicht nur viel über dich lernen, sondern es macht auch richtig Spaß, sich mit dem Menschen zu beschäftigen, dem man am nächsten ist.

Aber es ist auch ein großartiges Tagebuch, das dir genau zeigt, wie du gerade tickst. In ein paar Jahren kannst du es wieder aus dem Schrank holen. Dann amüsierst du ich vielleicht und bist erstaunt, wie du damals die Welt gesehen hast. Vielleicht möchtest du *So bin ich* auch mehrmals ausfüllen und so dein Leben dokumentieren.

Viel Vergnügen!

Dein

David Tripolina

Achtung!

Dieses Buch enthält sehr persönliche Informationen und Einschätzungen.

Dieses Buch gehört ....

Nur .... darf es lesen.

Alle anderen sollen das Buch bitte wieder schließen und zurückstellen.

Persönliches

Ich heiße: ....

Ich bin .... Jahre alt

und wurde geboren in: ....

um .... Uhr

Ich wohne in: ....

Das bin ich:

Augenfarbe: ....

Haarfarbe: ....

Schuhgröße: ....

Bist du Links- oder Rechtshänder? ....

Blutgruppe: ....

Sternzeichen: ....

Körper

Wie würdest du deinen Körper beschreiben?

....

Wie viel Kilo würdest du gerne wiegen?

....

Wie viel Kilo wiegst du?

....

Wie groß wärst du gerne?

....

Wie groß bist du?

....

Wie alt fühlst du dich?

....

Wie alt bist du?

....

Was war deine schlimmste Krankheit bislang?

....

Körper

Warst du schon einmal im Krankenhaus?

....

Warum und wie lange?

....

Trägst du eine Brille?

....

Wie viel Dioptrien hast du?

....

Bist du tätowiert? Wo? Welches Motiv?

....

Trägst du Piercings? Wo?

....

Welchen Teil an deinem Körper würdest du als Schwachpunkt bezeichnen?

....

Wo zeigt sich dein Alterungsprozess bislang besonders ausgeprägt?

....

Kindheits-erinnerungen & Schulzeit

Welchen Vornamen hättest du bekommen, wenn du als anderes Geschlecht geboren worden wärst?

....

Weißt du, was das erste Wort war, das du gesagt hast?

....

Was ist deine früheste Kindheitserinnerung?

....

....

....

Wer war dein bester Freund/deine beste Freundin in der Kindheit?

....

....

Was war dein schönster Geburtstag, an den du dich erinnern kannst?

....

....

....

....

Kindheits-erinnerungen & Schulzeit

Was war das aufregendste Weihnachtsfest, an das du dich erinnern kannst?

Wovor hattest du als Kind besonders Angst?

Wer hat dich besonders beeindruckt? Und warum?

Wer war(en) deine wichtigste(n) Bezugsperson(en)?

Wer war deine erste große Liebe?

Kindheits-erinnerungen & Schulzeit

Wer war deine erste große unerwiderte Liebe?

....

....

Wann und mit wem hattest du deinen ersten Kuss?

....

....

Wann und mit wem hattest du deine ersten intimen Berührungen?

....

....

Hast du mal einen Mitschüler mit einem Zettel gefragt, ob er mit dir gehen will?

....

....

Was war dein aufregendster Streich?

....

....

Welche schönen Erinnerungen hast du an deine Großeltern?

....

....

Kindheits-
erinnerungen
& Schulzeit

Würdest du sagen, dass du behütet groß geworden bist?

....

....

Was hast du mit deinen Eltern gern gespielt?

....

....

Wann hast du dich einsam gefühlt?

....

....

Welcher Geruch erinnert dich an deine Kindheit?

....

....

Gab es ein Stofftier, an dem du besonders gehangen hast?

....

....

Hast du einen Gegenstand aus deiner Kindheit, den du immer noch aufhebst?

....

....

Bei welcher Gelegenheit hast du dich besonders ungerecht behandelt gefühlt?

....

....

Über welche Themen gab es den schlimmsten Streit mit deinen Eltern?

....

....

Was haben dir deine Eltern verboten, was dich sehr geärgert hat?

....

....

Wie würdest du den Erziehungsstil deiner Eltern beschreiben?

....

....

Wenn dich jemand adoptieren müsste, wen würdest du wählen?

....

....

Welche Ermahnung hast du von deiner Mutter oft gehört?

....

....

Welche von deinem Vater?

....

....

Gab es einen Moment in deiner Kindheit, der dich besonders geprägt hat?

....

....

Warum?

....

....

Was war dein peinlichstes Erlebnis als Kind?

....

....

....

Was war dein peinlichstes Erlebnis als Jugendlicher?

....

....

....

Ausbildung & Beruf

Auf welche Grundschule bist du gegangen?

....

Was ist deine eindrücklichste Erinnerung?

....

....

Auf welche weiterführende(n) Schule(n) bist du gegangen?

....

Was waren deine guten Fächer?

....

Und was deine schlechten?

....

Unvergesslicher Lehrer?

....

Schlimmster Lehrer?

....

Wofür hast du einen Verweis bekommen?

....

Ausbildung & Beruf

Dein Traumberuf, als du noch in der Schule gewesen bist?

....

Welche Noten hattest du in deinem Abschlusszeugnis der Schule in

Mathematik:

....

Deutsch:

....

Englisch:

....

Geschichte:

....

Sport:

....

Kunst:

....

Hast du deinen IQ testen lassen? Wie hoch ist er?

....

Ausbildung & Beruf

Welche Ausbildung hast du gemacht?

Mit welchen Abschlüssen?

Was hast du studiert?

Würdest du heute noch mal das Gleiche studieren?

Was war dein erster Job als Jugendlicher?

Hast du während des Studiums gejobbt?

....

....

Bei welchen Firmen hast du bislang gearbeitet und in welcher Funktion?

- ....
- ....
- ....
- ....
- ....

Welchen Job hättest du gerne behalten? Und warum?

....

....

....

....

Welche Erfahrung im Job hättest du dir lieber erspart?

....

....

....

....

Ausbildung & Beruf

Wie oft bist du schon gefeuert worden und warum?

....

....

....

Wer war dein bester Chef?

....

....

....

Wer war dein schlimmster Chef?

....

....

....

Was war dein bestbezahlter Job?

....

....

....

Was dein am schlechtesten bezahlter?

....

....

....

Wer war dein nettester Kollege?

....

....

....

Wer war dein schlimmster Kollege?

....

....

....

Daheim

Wie lautet deine aktuelle Adresse?

....

....

Beschreibe die Gegend, in der du wohnst.

....

....

....

....

Wie viele Zimmer bewohnst du?

....

Dein liebster Platz daheim?

....

....

....

Der schönste Platz, um ein Buch zu lesen?

....

....

....

Daheim

Wie würdest du deinen Einrichtungsstil beschreiben?

Minimalistisch ↔ Zu viel Deko gibt es nicht

Alles aufeinander abgestimmt ↔ Bunt zusammengewürfelt

Alles gehört an seinen Platz ↔ Ordnung, was ist das?

Hast du Haustiere?

....

Wie heißen sie?

....

Wie würdest du den Charakter deines Haustiers beschreiben?

....

....

....

Besitz

Hast du ein Auto?

Hast du ein Fahrrad?

Dein Parfum?

Deine Armbanduhr?

Dein wertvollstes Bild?

Dein wertvollster Schmuck?

Gibt es etwas, das du sammelst?

Was ist dein wertvollster Besitz?

Besitz

Wie vermögend bist du?

Wie viel Geld verdienst du im Monat?

Wie viel kannst du im Monat sparen?

Für welchen Luxus bist du bereit, Geld auszugeben?

Wenn du dir alles kaufen könntest, was wäre dann ganz oben auf deiner Wunschliste?

Welchen materiellen Traum hast du schon seit deiner Kindheit?

Wenn dein Haus brennt, was würdest du dann mitnehmen?

Besitz

Was war die höchste Spende deines Lebens?

....

Wem hast du sie gespendet?

....

Schuldest du jemandem Geld?

....

Wirst du es zurückbezahlen?

....

Wem hast du Geld geliehen?

....

Wie viel?

....

Glaubst du, dass du das Geld zurückbezahlt bekommen wirst?

....

Was besitzt du, worauf du jedoch verzichten könntest?

....

Freizeit

Wie oft in der Woche kochst du?

....

Was kochst du am liebsten?

....

Wie häufig gehst du essen?

....

Hast du ein Lieblingsrestaurant?

....

Wie oft in der Woche machst du Sport?

....

Welchen?

....

Was machst du nach der Arbeit oder nach der Schule am liebsten?

....

....

Wie verbringst du am liebsten dein Wochenende?

....

....

Freizeit

Wie viele Bücher hast du im letzten Jahr gelesen?

....

Welches davon hat dich am meisten beeindruckt?

....

Hast du einen Lieblingsautor?

....

Wie oft im Jahr fährst du in den Urlaub?

....

Wohin ging deine letzte große Reise?

....

Welchen Film hast du zuletzt gesehen?

....

Welcher Film hat dich am meisten inspiriert?

....

Auf welchem Konzert warst du zuletzt?

....

Freizeit

Welche Band hat dich am meisten begeistert?

....

Bei welchem Lied bekommst du immer gute Laune?

....

Warst du schon mal auf einem Festival?

....

Über welchen Comedian kannst du am meisten lachen?

....

Welche Party deines Lebens ist unvergesslich?

....

Wann hattest du deinen letzten Spieleabend?

....

Welche Spiele spielst du am liebsten?

....

Hast du gerne Besuch?

....

Wer kam dich zuletzt besuchen und warum?

Wie lautet dein Lieblingswitz?

Wie lautet die beste Geschichte, die du in einer großen Runde gerne erzählst?

Hobbys

Wie sehr magst du die folgenden Hobbys?
Vergib jeweils Punkte auf einer Skala von 1 bis 10.

Überhaupt nicht ——— Ich liebe es

	1	2	3	4	5	6	7	8	9	10
Lesen										
Radfahren										
Wandern										
Fußball										
Schwimmen										
Kochen										
Tanzen										
Bergsteigen										
Skifahren										
Reisen										
Museumsbesuche										

Reisen

Zeichne ein, wo du schon gewesen bist:

Reisen

Reisen

Dein Traumland?

Deine Lieblingsstadt?

Dein Traumhotel?

Dein Lieblingsstrand?

Deine Lieblingsairline?

Lieber Meer oder Berge?

Deine abenteuerlichste Reise?

Dein längster Flug?

Reisen

Der schönste Ort, um zu entspannen?

....

Der gefährlichste Ort, den du jemals besucht hast?

....

Welches Land möchtest du unbedingt noch bereisen?

....

In welches Land möchtest du nie wieder reisen?

....

Wo hast du deinen ersten Urlaub ohne Eltern verbracht?

....

Was ist deine beste Urlaubsanekdote?

....

....

....

....

....

Familie & Stammbaum

Wie lautet der Mädchenname deiner Mutter?

....

Welchen Beruf hat deine Mutter?

....

Welchen Beruf hat dein Vater?

....

Leben deine Großeltern noch?

....

Welches ist deine schönste Erinnerung an deine Großeltern?

....

....

....

Trug schon mal ein Vorfahr deinen Vornamen?

....

....

Was bedeutet dein Familienname?

....

....

Familie & Stammbaum

Wie viele Mitglieder deiner Familie kennst du?

....

....

Gibt es einen berühmten Vorfahren?

....

....

Was ist dein wertvollstes Familienerbstück?

....

....

Welche körperlichen Merkmale hast du von deinen Eltern oder Großeltern geerbt?

....

....

Was magst du an deiner Mutter am liebsten?

....

....

Was nervt dich an deiner Mutter?

....

....

Familie & Stammbaum

Was magst du an deinem Vater am liebsten?

Was nervt dich an deinem Vater?

Würdest du deine Mutter als Freundin bezeichnen?

Und deinen Vater als Freund?

Wem ähnelst du mehr? Deiner Mutter oder deinem Vater?

Welchem Verwandten fühlst du dich am meisten verbunden?

Familie & Stammbaum

Welche Verwandten kannst du nicht leiden?

....

....

Was ist der größte Wunsch für deine Familie?

....

....

Welchen Wunsch konntest du deinen Eltern nie erfüllen?

....

....

Welchen Wunsch konnten dir deine Eltern nie erfüllen?

....

....

Geschwister

Hast du Geschwister?

....

Wenn ja, wie heißen sie?

....

....

....

Wenn nein, hättest du gerne welche?

....

Was hast du für Ähnlichkeiten mit deinen Geschwistern?

....

....

....

Woran unterscheidet ihr euch am meisten?

....

....

Worüber habt ihr euch am schlimmsten gestritten?

....

....

....

Geschwister

Was ist deine früheste Kindheitserinnerung mit deinen Geschwistern?

....

....

....

....

....

Was hast du an deinen Geschwistern bewundert?

....

....

....

Wer denkst du, ist das Lieblingskind von deinem Vater?

....

Wer denkst du, ist das Lieblingskind von deiner Mutter?

....

Was hast du heute für ein Verhältnis zu deinen Geschwistern?

....

....

....

Kinder

Hast du Kinder?

....

Wenn ja, wie heißen sie?

....

....

Wenn ja, wann sind sie geboren und waren sie geplant?

....

....

Wenn nein, wann hättest du gerne welche?

....

....

Wenn ja, warum hast du die Vornamen gewählt?

....

....

Wenn nein, welche Namen würdest du deinen Kindern geben?

....

....

Kinder

Wie würdest du deine Kinder beschreiben?

Was denkst du, machst du bei der Erziehung besonders gut?

Und was nicht so gut?

Wie würdest du deinen Erziehungsstil beschreiben?

Was wünschst du dir besonders für deine Kinder?

Kinder

Was ist deine größte Sorge in Bezug auf deine Kinder?

Wenn du morgen sterben würdest, von wem würdest du dir wünschen, dass er sich um deine Kinder kümmert?

Was ist das Wichtigste, das du versuchst, deinen Kindern mit auf den Weg zu geben?

Persönlichkeit

Was sind deine fünf größten Stärken?

- ....
- ....
- ....
- ....
- ....

Was sind deine fünf größten Schwächen?

- ....
- ....
- ....
- ....
- ....

Welche guten Eigenschaften hast du von deiner Mutter geerbt?

- ....
- ....
- ....
- ....
- ....

Persönlichkeit

Welche guten Eigenschaften hast du von deinem Vater geerbt?

- ....
- ....
- ....
- ....
- ....

Welche schlechten Eigenschaften hast du von deiner Mutter geerbt?

- ....
- ....
- ....
- ....
- ....

Welche schlechten Eigenschaften hast du von deinem Vater geerbt?

- ....
- ....
- ....
- ....
- ....

Persönlichkeit

Auf einer Skala von 1 bis 10, wie … schätzt du dich ein?

Überhaupt nicht ——— Sehr

	1	2	3	4	5	6	7	8	9	10
… attraktiv?										
… sexuell aktiv?										
… humorvoll?										
… aggressiv?										
… treu?										
… zufrieden?										
… sparsam?										
… intelligent?										
… empathisch?										
… cholerisch?										
… sozial?										
… tierlieb?										
… kinderlieb?										
… umweltbewusst?										
… melancholisch?										
… flexibel?										
… mutig?										
… egoistisch?										
… ehrlich?										
… verlässlich?										

Persönlichkeit

Welche deiner Persönlichkeitsmerkmale magst du am meisten?

....

....

....

....

Was kannst du an dir nicht leiden?

....

....

....

....

Was würdest du dir gerne abgewöhnen?

....

....

....

....

Welche Eigenschaften würdest du gerne annehmen?

....

....

....

....

Persönlichkeit

Was war das Selbstloseste, was du jemals getan hast?

Welcher Teil deiner Persönlichkeit hat sich am meisten verändert, als du in die Pubertät kamst?

Wann in deinem Leben ging es dir am schlechtesten?

Wolltest du dich schon einmal umbringen?

Was war der Grund?

Persönlichkeit

Wann warst du in deinem Leben am glücklichsten und warum?

Was macht dich besonders stolz?

Wofür schämst du dich?

Vorlieben

Eissorte: ....

Fußballverein: ....

Glückszahl: ....

Buch: ....

Traumauto: ....

Band: ....

Musikrichtung: ....

Gericht: ....

Film: ....

Fernsehserie: ....

Regisseur: ....

Lieblingsbeschäftigung am Sonntag: ....

Schauspieler: ....

Schauspielerin: ....

Abneigungen

Akzent: ....

Schulfach: ....

Land: ....

Schauspieler: ....

Tier: ....

Farbe: ....

Sportart: ....

Gemüsesorte: ....

Speise: ....

Getränk: ....

Jahreszeit: ....

Wochentag: ....

Entscheide dich

☐ Sommer oder Winter? ☐
☐ Berge oder Strand? ☐
☐ Cola oder Pepsi? ☐
☐ Pizza oder Burger? ☐
☐ Hund oder Katze? ☐
☐ Chips oder Schokolade? ☐
☐ Kaffee oder Tee? ☐
☐ Idealismus oder Realismus? ☐
☐ Bahn oder Auto? ☐
☐ Ausdauertraining oder Gewichte stemmen? ☐
☐ Buch oder Film? ☐
☐ Bier oder Wein? ☐
☐ Blumen oder Pralinen? ☐
☐ Abenteuer- oder Luxusurlaub? ☐
☐ Geplant oder spontan? ☐
☐ Sparsam oder verschwenderisch? ☐
☐ Trubel oder Ruhe? ☐
☐ Viele Kumpels oder wenige gute Freunde? ☐
☐ Kommunismus oder Kapitalismus? ☐
☐ Stadt oder Dorf? ☐
☐ Oben im Stockbett oder unten? ☐
☐ Zucker oder Salz? ☐
☐ Medium oder durchgebraten? ☐
☐ Duschen oder baden? ☐

Vorbilder

Wer ist aktuell dein Vorbild?

....

Wer waren wichtige Vorbilder in deinem bisherigen Leben?

- In der Kindheit:

....

- In der Jugend:

....

- Als junger Erwachsener:

....

Welcher Politiker hat die Welt zum Besseren verändert?

....

....

Wer zum Schlechteren?

....

....

Vorbilder

Welcher Mann aus deinem privaten Umfeld ist für dich ein wichtiges Vorbild?

....

....

....

Welche Frau?

....

....

Welche Eigenschaften findest du besonders erstrebenswert?

....

....

Bist du für jemanden ein Vorbild?

....

....

Wenn ja, für wen?

....

....

Eigenheiten

Was trägst du, während du schläfst?

Schnarchst du?

Hast du ein Abendritual?

Hast du ein Morgenritual?

Was nervt dich an anderen Menschen am meisten?

Welches deiner Talente wurde dein Leben lang übersehen?

Eigenheiten

Wonach bist du süchtig?

Fühlst du dich allein wohler oder unter Menschen?

Was tust du gerne, wenn du alleine bist?

Redest du mehr, oder hörst du lieber zu?

Träumst du lieber, oder bist du eher realistisch?

Hast du einen Tick? Wenn ja, welchen?

Eigenheiten

Leidest du manchmal an Panikattacken?

....

....

Was macht dir Angst?

....

....

Was kannst du nicht essen, ohne Brechreiz zu bekommen?

....

....

Von welchem alkoholischen Getränk hast du schon mal zu viel getrunken?

....

....

Welcher Prominente macht dich wütend?

....

....

Hast du einen Sprachfehler? Wenn ja, welchen?

....

....

Eigenheiten

Welche Wörter verwendest du zu oft, wenn du sprichst?

....

....

Welches Geräusch nervt dich?

....

....

Was würdest du unter keinen Umständen jemals ausprobieren?

....

....

Hast du Angst, vor einer großen Gruppe zu sprechen?

....

....

Krasse Entscheidungen

Wie viel Lösegeld würdest du für den wichtigsten Menschen deines Lebens bezahlen, wenn du wüsstest, dass du das Geld danach nicht zurückbekommen würdest?

....

....

Könntest du ein Tier schlachten, um es zu essen?

....

....

Würdest du jemanden verspeisen, wenn es die einzige Möglichkeit für dich wäre zu überleben?

....

....

Wenn du unheilbar krank wärst und nicht mehr weiterleben wolltest, würdest du dir dann wünschen, dass jemand Sterbehilfe leistet?

....

....

Was würdest du tun, wenn du für einen Tag das Geschlecht wechseln könntest?

....

....

Krasse Entscheidungen

Würdest du für 1000 Euro Nacktfotos von dir veröffentlichen lassen?

....

....

Könntest du dir vorstellen, eine Beziehung mit einem Menschen zu haben, der keinen Sex haben kann oder will?

....

....

Würdest du für eine Million Euro auf zehn Lebensjahre verzichten?

....

....

Würdest du für eine Million Euro deinen Sexualtrieb verkaufen?

....

....

Politische Anschauungen

Wenn am Sonntag die Bundestagswahl wäre, welche Partei würdest du dann wählen?

....

Welche Partei würdest du niemals wählen?

....

Die größte Gefahr für unsere Gesellschaft:

....

....

Die größte Kriegsbedrohung für unser Land:

....

....

Interessierst du dich für Politik?

....

Bist du selbst politisch aktiv?

....

Welche gesellschaftlich benachteiligte Gruppe liegt dir besonders am Herzen?

....

....

Politische Anschauungen

Welche politische Anschauung kommt dir am nächsten?

- ☐ Kommunistisch
- ☐ Linksliberal
- ☐ Ökologisch
- ☐ Konservativ
- ☐ Rechts

	Ja	Nein
Sollte die Heirat von Schwulen und Lesben erlaubt sein?	☐	☐
War der Ausstieg aus der Atomindustrie richtig?	☐	☐
Sollte der Islam in Europa begrenzt werden?	☐	☐
Ist die Europäische Union wichtig und hilfreich?	☐	☐
Sollten leichte Drogen wie Marihuana legalisiert werden?	☐	☐
Sollten wir weiter Flüchtlinge aufnehmen?	☐	☐
Sollte Abtreibung stets straffrei sein?	☐	☐
Ist Sex vor der Ehe unmoralisch ?	☐	☐

Übersinnliches & Außerirdisches

Glaubst du, es gibt Dinge auf unserem Planeten, die man mit Wissenschaft nicht erklären kann?

....

Glaubst du, dass es auf anderen Planeten Lebewesen gibt?

....

Glaubst du, es gibt Außerirdische, die bereits Nachrichten auf unserer Erde hinterlassen haben?

....

Glaubst du an Wiedergeburt?

....

Wenn ja, glaubst du, du hast schon einmal gelebt?

....

Glaubst du an Horoskope?

....

Wenn ja, welche Erfahrungen hast du damit gemacht?

....

....

....

Religion

Bist du getauft?

....

Welcher Region fühlst du dich zugehörig?

....

Glaubst du an Gott?

....

....

Wenn nicht, woran glaubst du dann?

....

....

Wie stellst du dir Gott konkret vor?

....

....

....

Wann hast du zuletzt gebetet?

....

Welche Sünde hast du am häufigsten begangen?

....

Religion

Was ist für dich eine Sünde?

....

....

....

Gab es einen Moment, in dem du Gott gespürt hast?

....

....

....

....

Glaubst du, dass Religionen erfunden wurden, um Macht auf Menschen auszuüben?

....

....

Die letzte Reise

Was könnten deine letzten Worte sein?

....

....

....

Was denkst du, passiert nach deinem Tod?

....

....

....

Was soll mal auf deinem Grabstein stehen?

....

....

....

Was für eine Beerdigung wünschst du dir?

....

....

....

Welches Lied soll auf deiner Beerdigung gespielt werden?

....

....

....

Die letzte Reise

Wen möchtest du nicht auf deiner Beerdigung haben? Und warum?

Wo sollen deine sterblichen Überreste bleiben?

Freunde

Wer sind deine drei besten Freunde?

....

....

....

Welche Eigenschaften machen sie so besonders?

....

....

....

Welche Eigenschaften wünschst du dir bei deinen Freunden?

....

....

....

Wenn du jemand anderes wärst, wärst du gern mit dir befreundet?

....

....

Warum?

....

....

Freunde

Wie heißt dein ältester Freund, mit dem du heute noch befreundet bist?

Mit welchem Freund warst du sehr eng befreundet und bist es heute nicht mehr?

Warum ging eure Freundschaft auseinander?

Was war die schlimmste Enttäuschung, die du jemals durch einen Freund erfahren hast?

Hast du demjenigen verziehen?

Freunde

Hat dir mal ein Freund das Leben gerettet?

....

Was war das Wertvollste, was du für einen Freund getan hast?

....

....

Welcher deiner Freunde ist am schlausten?

....

Welcher am schönsten?

....

Wer am lustigsten?

....

Wer hilft dir ganz sicher, wenn du in einer Notlage bist?

....

Welcher Freund hat dich mal im Stich gelassen, als du ihn gebraucht hast?

....

Freunde

Mit wem kannst du dich am besten unterhalten?

Wer kann dich am besten trösten?

Wer kennt dich am besten?

Wurde schon mal aus Freundschaft Liebe?

Wurde schon mal aus Liebe Freundschaft?

Wenn du dir deine Familie selber aussuchen könntest, welche deiner Freunde würdest du dir als Geschwister auswählen?

Was war der beste Ratschlag, den dir jemals ein Freund gegeben hat?

Beziehung

Wie viele Partner hattest du?

....

....

....

Welche Charaktereigenschaften findest du besonders anziehend?

....

....

....

Welche besonders abstoßend?

....

....

....

Wie sieht dein Traumpartner aus?

....

....

....

Woran merkt man, dass du verliebt bist?

....

....

....

Beziehung

Was würdest du bei einem Partner auf keinen Fall tolerieren?

....

....

....

Glaubst du, die Menschen sind von ihrer Natur aus monogam oder polygam?

....

Wie lange dauerte deine längste Beziehung?

....

Wie lange deine kürzeste?

....

Wie oft wurdest du verlassen?

....

Was war der häufigste Grund für die Trennung?

....

Wann hast du unter dem schlimmsten Liebeskummer gelitten?

....

Beziehung

Hast du schon einmal einen Partner betrogen?

....

Wurdest du dabei erwischt?

....

Findest du, das Fremdgehen hat sich gelohnt?

....

Welche Partnerschaft bereust du? Und warum?

....

....

....

Welche Partnerschaft würdest du gerne wieder beginnen oder fortführen? Und warum?

....

....

....

Glaubst du, dass du bis ans Ende deines Lebens mit einem Partner zusammen sein kannst?

....

Beziehung

Was war der heißeste Flirt, den du jemals hattest?

....

Welches Date ging total in die Hose?

....

Welcher Flirtspruch war dir nachträglich unheimlich peinlich?

....

Was war der größte Altersunterschied, den du jemals erlebt hast?

....

Warst du der Jüngere oder der Ältere?

....

In wen warst du unsterblich verliebt, es ist aber nie etwas passiert?

....

Sexualität

Was findest du besonders sexy an dir?

In welchem Alter hattest du die sinnlichste Sexualität?

Welchen Kuss wirst du nie vergessen?

Welche Nacht wirst du nie vergessen?

Was war der ungewöhnlichste Ort, an dem du jemals Sex hattest?

Sexualität

Wo liegt deine erogenste Zone?

....

....

Welche sexuelle Fantasie würdest du gerne verwirklichen?

....

....

....

Wie würdest du deine Sexualität beschreiben?

....

....

....

Was gefällt dir am besten an Sex?

....

....

....

Gefühle

Welches Gefühl empfindest du wie häufig?
Entscheide dich auf einer Skala von 1 bis 10.

	So gut wie nie 1	2	3	4	5	6	7	8	9	Jeden Tag 10
Traurigkeit										
Wut										
Hass										
Verliebtsein										
Empörung										
Langeweile										
Angst										
Freude										
Eifersucht										
Müdigkeit										
Einsamkeit										

Gefühle

Welches Gefühl versuchst du meist zu verheimlichen?

....

....

Nach welchem Gefühl sehnst du dich häufig?

....

....

Wann hast du zuletzt geweint?

....

....

Warum?

....

....

Welches Lied macht dich melancholisch?

....

....

Was hat dich zuletzt richtig glücklich gemacht?

....

....

Gefühle

Was hat dich zuletzt wirklich wütend gemacht?

....

....

Bei welchem Film musst du stets heulen und an welcher Stelle?

....

....

Wann warst du zuletzt bis über beide Ohren verliebt?

....

....

Wann hattest du zuletzt schweren Liebeskummer?

....

....

Geheimnisse

Hast du ein Geheimnis, das du noch niemandem verraten hast?

Hast du schon einmal geklaut?

Wer weiß davon?

Hattest du schon einmal Ärger mit der Polizei?

Wurdest du schon einmal Zeuge einer Straftat? Welcher?

Wie lautet die bisher größte Lüge deines Lebens?

Geheimnisse

Welche Droge(n) hast du schon einmal probiert?

....

....

Welche Droge(n) würdest du nicht noch einmal nehmen?

....

....

Hast du schon einmal jemandem den Tod gewünscht?

....

....

Welche Tatsache über dich würde selbst deine besten Freunde überraschen?

....

....

Hast du schon mal ein fremdes Tagebuch ohne Erlaubnis gelesen?

....

....

Gibt es etwas, was du jemandem nie verziehen hast?

....

....

Geheimnisse

Wann hattest du deinen ersten Rausch?

....

....

Wann hattest du deinen schlimmsten Rausch?

....

....

Was hast du getrunken?

....

....

Was war die schlimmste Katstrophe, die du miterleben musstest?

....

....

Welche Schönheitsoperation würdest du gerne an dir vornehmen lassen?

....

....

Wenn eine Boulevardzeitung alles über dich wissen würde, wie würde die Schlagzeile einer Skandalgeschichte über dich lauten?

....

....

Geheimnisse

Welche deiner Handlungen würdest du gerne ungeschehen machen?

....

....

Wenn du morgen sterben würdest, was würdest du unbedingt noch jemandem sagen wollen?

....

....

Ziele

Was ist dein nächstes großes Ziel?

In welcher Stadt würdest du gerne leben?

In welcher Epoche hättest du gerne gelebt?

In welcher Band würdest du gerne mitspielen?

Ziele

Welches Instrument?

Welche Rolle in welchem Film würdest du gerne spielen?

Träume & Wünsche

Was ist dein größter Wunsch für dich selbst?

....

....

....

....

....

....

Was ist dein größter Wunsch für die Gesellschaft?

....

....

....

....

....

....

Welches Talent hättest du gerne?

....

....

....

....

....

....

Träume & Wünsche

Was würdest du gerne noch lernen?

....

....

....

....

....

....

Was würdest du gerne an dir ändern?

....

....

....

....

....

....

Was ist dein häufigster Traum, wenn du schläfst?

....

....

....

....

....

....

Träume & Wünsche

Was dein schlimmster Albtraum?

....

....

....

....

....

....

Welcher große Wunsch von dir wurde wahr?

....

....

....

....

....

....

Was möchtest du machen, wenn du mal im Rentenalter bist?

....

....

....

....

....

....

Wo möchtest du deinen Lebensabend verbringen?

....

....

....

....

....

....

Mit wem?

....

....

....

Wenn du eine schlimme Erfahrung deines Lebens löschen könntest, welche wäre das?

....

....

....

....

....

Wenn du eine tolle Erfahrung deines Lebens wiederholen könntest, welche wäre das?

....

....

....

....

....

Wenn du Gott treffen würdest, was würdest du dir von ihm wünschen?

....

....

....

....

Wenn du dein Leben an einem neuen Ort noch mal neu beginnen könntest, ohne dort jemanden zu kennen, würdest du es tun?

....

....

....

....

Träume & Wünsche

Wenn du eine Million Euro gewinnen würdest, was würdest du davon kaufen?

....

....

....

....

Wenn du einen Toten wieder lebendig machen könntest, wen würdest du wieder ins Leben zurückholen?

....

....

....

....

Bibliografische Information der Deutschen Nationalbibliothek:
Die Deutsche Nationalbibliothek verzeichnet diese Publikation in der Deutschen Nationalbibliografie; detaillierte bibliografische Daten sind im Internet über http://d-nb.de abrufbar.

Für Fragen und Anregungen:
info@rivaverlag.de

Originalausgabe, 1. Auflage 2016

© 2016 by riva Verlag, ein Imprint der Münchner Verlagsgruppe GmbH
Nymphenburger Straße 86
80636 München
Tel.: 089 651285-0
Fax: 089 652096

Alle Rechte, insbesondere das Recht der Vervielfältigung und Verbreitung sowie der Übersetzung, vorbehalten. Kein Teil des Werkes darf in irgendeiner Form (durch Fotokopie, Mikrofilm oder ein anderes Verfahren) ohne schriftliche Genehmigung des Verlages reproduziert oder unter Verwendung elektronischer Systeme gespeichert, verarbeitet, vervielfältigt oder verbreitet werden.

Umschlaggestaltung: Isabella Dorsch, München
Umschlagabbildung: Roystudio EU/Shutterstock
Satz: Satzwerk Huber, Germering
Druck: GGP Media GmbH, Pößneck
Printed in Germany

ISBN Print: 978-3-7423-0040-9

Weitere Informationen zum Verlag finden Sie unter:

www.rivaverlag.de

Beachten Sie auch unsere weiteren Verlage unter www.muenchner-verlagsgruppe.de